Wöchentlicher Torah-Abschnitt - Übungsbuch

Wöchentlicher Torah-Abschnitt - Übungsbuch

Alle Rechte vorbehalten. Durch den Kauf dieses Übungsbuchs darf der Käufer die Übungsblätter nur für den persönlichen Gebrauch und den Unterricht, jedoch nicht für den kommerziellen Weiterverkauf kopieren. Mit Ausnahme der oben genannten Bestimmungen darf dieses Übungsbuch ohne schriftliche Genehmigung des Herausgebers weder ganz noch teilweise in irgendeiner Weise reproduziert werden.

Bible Pathway Adventures® ist eine Marke von BPA Publishing Ltd.

ISBN: 978-1-98-858564-2

Autor: Pip Reid
Kreativdirektor: Curtis Reid
Lektorat: Marco und Sonja Röder

Für kostenlose Bibelmaterialien und Lehrerpakete mit Malvorlagen, Arbeitsblättern, Quizfragen und mehr besuchen Sie unsere Website unter:

www.biblepathwayadventures.com

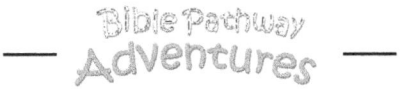

◇◆ Einleitung ◆◇

Mit unserem Übungsbuch zu den wöchentlichen Torah-Abschnitten wird Ihren Kindern das Lernen über die Torah viel Spass machen. Es ist vollgepackt mit lustigen Arbeitsblättern (inklusive einem Antwortschlüssel) und praktischen Torah Studienführern, die Eltern und Pädagogen dabei helfen, den Kindern einen biblischen Glauben beizubringen. Damit ist unser Übungsbuch die perfekte Jüngerschaftsquelle für Hauslehrer, Schabbat-Lehrer und Eltern.

Bible Pathway Adventures hilft Pädagogen und Eltern, Kindern auf spielerische und kreative Weise den biblischen Glauben beizubringen. Dies geschieht über unsere Bilderbücher, Lehrerpakete und Übungsbücher zum Ausdrucken, die auf unserer Website zum Download zur Verfügung stehen. www.biblepathwayadventures.com

Die Suche nach der Wahrheit macht mehr Spaß, als in Traditionen zu verharren!

◇ Inhaltsverzeichnis ◇

Einleitung 3

Bereschit 6
Noah 7
Lech-Lecha 8
Wajera 9
Chaje Sara 10
Toledot 11
Wajeze 12
Wajischlach 13
Wajeschew 14
Mikez 15
Wajigasch 16
Wajechi 17
Schemot 18
Wa'era 19
Bo 20
Beschalach 21
Jitro 22
Mischpatim 23
Teruma 24
Tezawe 25
Ki Tissa 26
Wajakhel 27
Pekude 28
Wajikra 29
Zaw 30
Schemini 31
Tasria 32
Mezora 33
Achare Mot 34
Kedoschim 35
Emor 36

Behar	37
Bechukotai	38
Bemidbar	39
Nasso	40
Beha'alotcha	41
Schelach Lecha	42
Korach	43
Chukkat	44
Balak	45
Pinchas	46
Matot	47
Masse	48
Dewarim	49
Waetchanan	50
Ekew	51
Re'eh	52
Schoftim	53
Ki Teze	54
Ki Tawo	55
Nizawim	56
Wajelech	57
Ha'asinu	58
Wesot Habracha	59
Bereschit Wöchentlicher Torah Studienführer	60
Schemot Wöchentlicher Torah Studienführer	61
Wajikra Wöchentlicher Torah Studienführer	62
Bemidbar Wöchentlicher Torah Studienführer	63
Dewarim Wöchentlicher Torah Studienführer	64
Antwortschlüssel	65
Weitere Übungsbücher entdecken!	69

Bereschit

1. Mose 1:1-6:8 lies diesen Abschnitt der Torah und schreibe eine Zusammenfassung dazu!

....

....

....

1. An welchem Tag hat Jah den Menschen erschaffen?

....

....

2. Wer hat die Tiere benannt?

....

....

3. Wie alt war Adam, als er starb?

....

....

Zeichne deine Lieblingsszene aus diesem Teil der Torah.

Jah hat Adam & Eva benutzt, um.....	Dieser Teil der Torah bringt mir bei....
....	....
....	....

Noah

1. Mose 6:9-11:32 lies diesen Abschnitt der Torah und schreibe eine Zusammenfassung dazu!

....

....

....

1. Wie viele Paare „reiner" Tier waren auf der Arche?

....

....

2. Was war das Zeichen des Bundes zwischen Jah und Noah?

....

....

3. Wie hoch wollten die Menschen den Turm von Babel bauen?

....

....

Zeichne deine Lieblingsszene aus diesem Teil der Torah.

Jah hat Noah benutzt, um.....	Dieser Teil der Torah bringt mir bei....
....	....

Lech-Lecha

1. Mose 12:1-17:27 lies diesen Abschnitt der Torah und schreibe eine Zusammenfassung dazu!

....

....

....

1. Warum hat Jah die Plage in das Heim des Pharaos geschickt?

....

....

2. Was hat Abram gemacht, nachdem Lot gefangen genommen wurde?

....

....

3. Was hat Jah Abraham und Sarah versprochen?

....

....

Zeichne deine Lieblingsszene aus diesem Teil der Torah.

Jah hat Abraham benutzt, um…	Dieser Teil der Torah bringt mir bei….
....	....
....	....

Wajera

1. Mose 18:1-22:24 lies diesen Abschnitt der Torah und schreibe eine Zusammenfassung dazu!

....

....

....

1. Wer war Abrahams Frau?

....

....

2. Was regnete auf Sodom und Gomorra?

....

....

3. Warum hat Abraham seinen Sohn in das Land Morija gebracht?

....

....

Zeichne deine Lieblingsszene aus diesem Teil der Torah.

Was kann ich aus dem Leben Abrahams lernen?	Dieser Teil der Torah bringt mir bei....

Chaje Sara

1. Mose 23:1-25:18 lies diesen Abschnitt der Torah und schreibe eine Zusammenfassung dazu!

....

....

....

1. Wo hat Abraham Sarah begraben?

....

....

2. Welche Geschenke hat der Diener Rebekka gegeben?

....

....

3. Wen hat Rebekka geheiratet, als sie im Negev ankam?

....

....

Zeichne deine Lieblingsszene aus diesem Teil der Torah.

Jah hat den Diener benutzt, um.....	Dieser Teil der Torah bringt mir bei....

Toledot

1. Mose 25:19-28:9 lies diesen Abschnitt der Torah und schreibe eine Zusammenfassung dazu!

....

....

....

1. Wer waren die Zwillinge von Isaak und Rebekka?

....

....

2. Warum haben die Philister Isaak beneidet?

....

....

3. Warum ist Jakob nach Paddan-Aram geflohen und hat bei Laban gelebt?

....

....

Zeichne deine Lieblingsszene aus diesem Teil der Torah.

Jah hat Isaak benutzt, um......

....

....

Dieser Teil der Torah bringt mir bei....

....

....

Wajeze

1. Mose 28:10-32:3 lies diesen Abschnitt der Torah und schreibe eine Zusammenfassung dazu!

....

....

....

1. Wer stand in Jacobs Traum auf der Leiter?

....

....

2. Wie viele Jahre hat Jacob für Rachel gearbeitet?

....

....

3. Wo hat Rachel den Hausgötzen ihres Vaters versteckt?

....

....

Zeichne deine Lieblingsszene aus diesem Teil der Torah.

Jah hat Jakob benutzt, um.....	Dieser Teil der Torah bringt mir bei....
....	....
....	....

Wajischlach

1. Mose 32:4-36:43 lies diesen Abschnitt der Torah und schreibe eine Zusammenfassung dazu!

....

....

....

1. Wie viele Männer gehörten zu Esaus Gefolgschaft als er Jakob begegnete?

....

....

2. Warum hat Jah Jakobs Namen auf Israel geändert?

....

....

3. Warum hat Esau seine Familie in das Hügelland von Seir gebracht?

....

....

Zeichne deine Lieblingsszene aus diesem Teil der Torah.

Nenne die Geschenke, die Jakob für Esau vorbereitet hat.

....

....

Dieser Teil der Torah bringt mir bei....

....

....

Wajeschew

1. Mose 37:1-40:24 lies diesen Abschnitt der Torah und schreibe eine Zusammenfassung dazu!

....

....

....

1. Wer war Josephs Herr in Ägypten?

....

....

2. Wessen Träume im Gefängnis hat Joseph verstanden?

....

....

3. Wer war der König von Ägypten?

....

....

Zeichne deine Lieblingsszene aus diesem Teil der Torah.

Jah hat den Pharao benutzt, um……	Dieser Teil der Torah bringt mir bei….
....	....
....	....

Mikez

1. Mose 41:1-44:17 lies diesen Abschnitt der Torah und schreibe eine Zusammenfassung dazu!

....

....

....

1. Welchen neuen Job hat der Pharao Joseph gegeben?

....

....

2. Warum hat Jakob seine Söhne nach Ägypten geschickt?

....

....

3. Was sollte der Diener Josephs in Benjamins Sack stecken?

....

....

Zeichne deine Lieblingsszene aus diesem Teil der Torah.

Nenne drei Länder, die an das heutige Ägypten angrenzen.

....

....

Dieser Teil der Torah bringt mir bei….

....

....

Wajigasch

1. Mose 44:18-47:27 lies diesen Abschnitt der Torah und schreibe eine Zusammenfassung dazu!

....

....

....

1. Was sagte der Pharao würde er den Brüdern von Joseph geben?

....

....

2. In welchem Land hat sich die Familie von Joseph niedergelassen?

....

....

3. Was hat Joseph den Ägyptern im Austausch für ihr Vieh gegeben?

....

....

Zeichne deine Lieblingsszene aus diesem Teil der Torah.

Jah hat Joseph benutzt, um….	Dieser Teil der Torah bringt mir bei….

Wajechi

1. Mose 47:28-50:26 lies diesen Abschnitt der Torah und schreibe eine Zusammenfassung dazu!

....

....

....

1. Wer war der erstgeborene Sohn von Joseph?

....

....

2. Welches Volk in Israel soll wie starke Esel sein?

....

....

3. Wie viele Tage haben die Ägypter um Jakob getrauert?

....

....

Zeichne deine Lieblingsszene aus diesem Teil der Torah.

Nenne die zwölf Stämme Israels!

....

....

Dieser Teil der Torah bringt mir bei....

....

....

www.biblepathwayadventures.com
Wöchentlicher Torah-Abschnitt - Übungsbuch

© BPA Publishing Ltd 2020

Schemot

2. Mose 1:1-6:1 lies diesen Abschnitt der Torah und schreibe eine Zusammenfassung dazu!

....

....

....

1. Welche Anweisungen hat der Pharao den hebräischen Hebammen gegeben?

....

....

2. In welches Land ist Mose geflohen?

....

....

3. Was hat der Pharao getan, als Mose ihn darum bat, die Hebräer zu befreien?

....

....

Zeichne deine Lieblingsszene aus diesem Teil der Torah.

Jah hat die Hebammen benutzt, um…..	Dieser Teil der Torah bringt mir bei….
....	....
....	....

Wa'era

2. Mose 6:2-9:35 lies diesen Abschnitt der Torah und schreibe eine Zusammenfassung dazu!

....

....

....

1. Mit wem hat Jah eine Vereinbarung getroffen?

....

....

2. Wessen Vieh starb während der fünften Plage?

....

....

3. In welchem Teil Ägyptens ist kein Hagel gefallen?

....

....

Zeichne deine Lieblingsszene aus diesem Teil der Torah.

Jah hat die Plagen benutzt, um den Ägyptern zu zeigen...

....

....

Dieser Teil der Torah bringt mir bei....

....

....

www.biblepathwayadventures.com
Wöchentlicher Torah-Abschnitt - Übungsbuch

© BPA Publishing Ltd 2020

Bo

2. Mose 10:1-13:16 lies diesen Abschnitt der Torah und schreibe eine Zusammenfassung dazu!

....

....

....

1. In welchem hebräischen Monat findet das Passahfest statt?

....

....

2. Wie lange hat Jah die Israeliten gebeten, das Passahfest zu feiern?

....

....

3. Was war die zehnte Plage?

....

....

Zeichne deine Lieblingsszene aus diesem Teil der Torah.

Jah benutzte die Ägypter, um.....	Dieser Teil der Torah bringt mir bei....

Beschalach

2. Mose 13:17-17:16 lies diesen Abschnitt der Torah und schreibe eine Zusammenfassung dazu!

....

....

....

1. Wessen Knochen haben die Israeliten mitgenommen?

....

....

2. Wie hat Jah das Rote Meer geteilt?

....

....

3. Wie hat Jah den Israeliten in Rephidim Wasser gegeben?

....

....

Zeichne deine Lieblingsszene aus diesem Teil der Torah.

Jah hat Josua benutzt, um…

....

....

Dieser Teil der Torah bringt mir bei….

....

....

www.biblepathwayadventures.com
Wöchentlicher Torah-Abschnitt - Übungsbuch

Jitro

2. Mose 18:1-20:26 lies diesen Abschnitt der Torah und schreibe eine Zusammenfassung dazu!

....

....

....

1. Welche Beziehung hatte Jethro zu Mose?

....

....

2. Wo wurde den Israeliten die zehn Gebote gegeben?

....

....

3. Welcher Tag ist für Jah heilig und auserwählt?

....

....

Zeichne deine Lieblingsszene aus diesem Teil der Torah.

Jah hat Jethro benutzt, um.....	Dieser Teil der Torah bringt mir bei....
....	....
....	....

www.biblepathwayadventures.com
Wöchentlicher Torah-Abschnitt - Übungsbuch

Mischpatim

2. Mose 21:1-24:18 lies diesen Abschnitt der Torah und schreibe eine Zusammenfassung dazu!

....

....

....

1. Was soll alle sieben Jahre mit dem Land passieren?

....

....

2. Welche Art von Brot wird während des Festes der ungesäuerten Brote gegessen?

....

....

3. An welchen drei Festen sollen Männer vor Jah erscheinen?

....

....

Zeichne deine Lieblingsszene aus diesem Teil der Torah.

Jah bittet uns, den Sabbat zu ehren, weil.....

....

....

Dieser Teil der Torah bringt mir bei....

....

....

www.biblepathwayadventures.com
Wöchentlicher Torah-Abschnitt - Übungsbuch

© BPA Publishing Ltd 2020

Teruma

2. Mose 25:1-27:19 lies diesen Abschnitt der Torah und schreibe eine Zusammenfassung dazu!

....

....

....

1. Welche Holzart wurde verwendet, um die Bundeslade zu bauen?

....

....

2. Was wollte Jah in der Bundeslade platzieren?

....

....

3. Aus welchem Metall wurde der Gnadenthron hergestellt?

....

....

Zeichne deine Lieblingsszene aus diesem Teil der Torah.

Das Befolgen von Jahs Geboten hilft mir....	Dieser Teil der Torah bringt mir bei....

Tezawe

2. Mose 27:20-30:10 lies diesen Abschnitt der Torah und schreibe eine Zusammenfassung dazu!

....

....

....

1. Welche drei Männer hat Jah ausgewählt, um als Priester zu dienen?

....

....

2. Wie viele Edelsteine waren auf dem Brustpanzer des Hohenpriesters?

....

....

3. Welche Farbe hatte das Gewand des Efod?

....

....

Zeichne deine Lieblingsszene aus diesem Teil der Torah.

Jah benutzte den Hohenpriester, um......

....

....

Dieser Teil der Torah bringt mir bei....

....

....

Ki Tissa

2. Mose 30:11-34:35 lies diesen Abschnitt der Torah und schreibe eine Zusammenfassung dazu!

....

....

....

1. Welches Tier hat Aaron aus Gold gemacht?

....

....

2. Wie hat Mose das goldene Kalb zerstört?

....

....

3. Wie hat Mose die Israeliten bestraft, als sie das Kalb angebetet haben?

....

....

Zeichne deine Lieblingsszene aus diesem Teil der Torah.

Jah benutzte Bezaleel und Oholiab, um.....	Dieser Teil der Torah bringt mir bei....

Wajakhel

2. Mose 35:1-38:20 lies diesen Abschnitt der Torah und schreibe eine Zusammenfassung dazu!

....

....

....

1. Welche Handwerker wurden ausgewählt, um die Stiftshütte zu bauen?

....

....

2. Wie viele Zweige sind auf der Menora?

....

....

3. Aus welchem Metall wurden die Zeltpflöcke hergestellt?

....

....

Zeichne deine Lieblingsszene aus diesem Teil der Torah.

Ich gebe großzügig an Jah, weil.....	Dieser Teil der Torah bringt mir bei....
....	....
....	....

Wöchentlicher Torah-Abschnitt - Übungsbuch

Pekude

2. Mose 38:21-40:38 lies diesen Abschnitt der Torah und schreibe eine Zusammenfassung dazu!

....

....

....

1. Wie viel Gold wurde für den Bau des Heiligtums verwendet?

....

....

2. Wo hat Mose den Altar des Brandopfers aufgestellt?

....

....

3. Was war bei Tag und bei Nacht auf der Stiftshütte?

....

....

Zeichne deine Lieblingsszene aus diesem Teil der Torah.

Wie würdest Du Bezaleel beschreiben?	Dieser Teil der Torah bringt mir bei....
....	....
....	....

Wajikra

3. Mose 1:1-5:26 (6:7) lies diesen Abschnitt der Torah und schreibe eine Zusammenfassung dazu!

....

....

....

1. Wohin brachten die Israeliten ihr Brandopfer?

....

....

2. Welche Vögel wurden als Brandopfer verwendet?

....

....

3. Welches Tier wurde als Sündopfer für einen Priester getötet?

....

....

Zeichne deine Lieblingsszene aus diesem Teil der Torah.

Die Priester brachten Opfer dar für.....

....

Dieser Teil der Torah bringt mir bei....

....

Zaw

3. Mose 6:8-8:36 lies diesen Abschnitt der Torah und schreibe eine Zusammenfassung dazu!

....

....

....

1. Wer darf das Sündopfer essen?

....

....

2. Wo hat Mose Aaron und seine Söhne gesalbt?

....

....

3. Was hat Mose in das Brustschild gelegt?

....

....

Zeichne deine Lieblingsszene aus diesem Teil der Torah.

Jah hat die Priester benutzt, um....	Dieser Teil der Torah bringt mir bei....
....	....
....	....

Schemini

3. Mose 9:1-11:47 lies diesen Abschnitt der Torah und schreibe eine Zusammenfassung dazu!

....

....

....

1. Wer waren die beiden Söhne von Aaron?

....

....

2. Was haben Aarons Söhne Jah dargebracht?

....

....

3. Wie sind Aarons Söhne gestorben?

....

....

Zeichne deine Lieblingsszene aus diesem Teil der Torah.

Es ist wichtig, Jahs Anweisungen zu folgen, denn......

....

....

Dieser Teil der Torah bringt mir bei....

....

....

Tasria

3. Mose 12:1-13:59 lies diesen Abschnitt der Torah und schreibe eine Zusammenfassung dazu!

....

....

....

1. Wer untersucht eine Person mit Aussatz?

....

....

2. Welche Kleidung trägt ein Aussätziger?

....

....

3. Wo lebt ein Aussätziger, während er unrein ist?

....

....

Zeichne deine Lieblingsszene aus diesem Teil der Torah.

Ein Aussätziger lebt außerhalb des Lagers, also.....	Dieser Teil der Torah bringt mir bei....
....	....
....	....

www.biblepathwayadventures.com
Wöchentlicher Torah-Abschnitt - Übungsbuch

© BPA Publishing Ltd 2020

Mezora

3. Mose 14:1-15:33 lies diesen Abschnitt der Torah und schreibe eine Zusammenfassung dazu!

....

....

....

1. Was hat ein gereinigter Mann getan, bevor er das Lager wieder betreten hat?
....
....

2. Wo lebte dieser Mann für sieben Tage?
....
....

3. Was hat dieser Mann am 8. Tag zum Priester gebracht?
....
....

Zeichne deine Lieblingsszene aus diesem Teil der Torah.

Jah hat die Priester benutzt, um....

....
....

Dieser Teil der Torah bringt mir bei....

....
....

Achare Mot

3. Mose 16:1-18:30 lies diesen Abschnitt der Torah und schreibe eine Zusammenfassung dazu!

....

....

....

1. Was trug Aaron, als er den Heiligen Ort betrat?

....

....

2. Was hat Aaron vor den Gnadenthron gesprengt?

....

....

3. Wessen Gesetze sollten die Israeliten laut Jah nicht folgen?

....

....

Zeichne deine Lieblingsszene aus diesem Teil der Torah.

Jah hat Aaron benutzt, um......

....

....

Dieser Teil der Torah bringt mir bei....

....

....

Kedoschim

3. Mose 19:1-20:27 lies diesen Abschnitt der Torah und schreibe eine Zusammenfassung dazu!

....

....

....

1. Was sollten wir nicht aus Metallguss herstellen?

....

....

2. Was sollten wir nicht mit unserem Körper machen?

....

....

3. Wen sollen wir laut 3. Mose 19:32 ehren?

....

....

Zeichne deine Lieblingsszene aus diesem Teil der Torah.

Es ist wichtig, ältere Menschen zu ehren, weil......

....

....

Dieser Teil der Torah bringt mir bei....

....

....

Emor

3. Mose 21:1-24:23 lies diesen Abschnitt der Torah und schreibe eine Zusammenfassung dazu!

....

....

....

1. Welches Fest findet sieben Wochen nach dem Fest der Erstlingsfrucht statt?

....

....

2. An welchem Tag ist das Posaunenfest?

....

....

3. Wo wohnen die Israeliten während Sukkot?

....

....

Zeichne deine Lieblingsszene aus diesem Teil der Torah.

Jahs Feste zu feiern ist wichtig, denn.....	Dieser Teil der Torah bringt mir bei....

www.biblepathwayadventures.com
Wöchentlicher Torah-Abschnitt - Übungsbuch

Behar

3. Mose 25:1-26:2 lies diesen Abschnitt der Torah und schreibe eine Zusammenfassung dazu!

....

....

....

1. Was bedeutet das fünfzigste Jahr für die Israeliten?

....

....

2. Wie sollen wir einen Bruder behandeln, der arm wird?

....

....

3. Wer sollte nicht als Sklave verkauft werden?

....

....

Zeichne deine Lieblingsszene aus diesem Teil der Torah.

Wenn wir Jahs Anweisungen folgen, verspricht er uns,.....

....

....

Dieser Teil der Torah bringt mir bei....

....

....

Bechukotai

3. Mose 26:3-27:34 lies diesen Abschnitt der Torah und schreibe eine Zusammenfassung dazu!

....

....

....

1. Wie lange dauert die Weinlese?

....
....

2. Wohin wird Jah sein Volk verstreuen?

....
....

3. Was ist der Wert eines Mannes zwischen 20 und 60 Jahren?

....
....

Zeichne deine Lieblingsszene aus diesem Teil der Torah.

Wenn das Volk den Anweisungen Jahs gehorchte, versprach er,.....

Dieser Teil der Torah bringt mir bei....

Bemidbar

4. Mose 1:1-4:20 lies diesen Abschnitt der Torah und schreibe eine Zusammenfassung dazu!

....

....

....

1. Welche Anweisungen hat Jah Mose gegeben?

....

....

2. Wessen Aufgabe war es, die Bundeslade zu tragen?

....

....

3. Wer waren die vier Söhne von Aaron?

....

....

Zeichne deine Lieblingsszene aus diesem Teil der Torah.

Jah hat die Leviten benutzt, um.....

....

....

Dieser Teil der Torah bringt mir bei....

....

....

Nasso

4. Mose 4:21-7:89 lies diesen Abschnitt der Torah und schreibe eine Zusammenfassung dazu!

....

....

....

1. Wie lange kann sich ein Nasiräer nicht die Haare schneiden?

....

....

2. Welches Geschenk bringt ein Nasiräer Jah, nachdem er sein Gelübde beendet hat?

....

....

3. Wo kann sich ein Nasiräer den Kopf rasieren?

....

....

Zeichne deine Lieblingsszene aus diesem Teil der Torah.

Lies Richter 3,5 Jah hat Samson benutzt, um...	Dieser Teil der Torah bringt mir bei....
....	....
....	....

Beha'alotcha

4. Mose 8:1-12:16 lies diesen Abschnitt der Torah und schreibe eine Zusammenfassung dazu!

....

....

....

1. Wie viele Lampen von der Menora spenden Licht?

....

....

2. Wie lange diente ein Levit in der Stiftshütte?

....

....

3. Warum hat Jah Feuer in Teile des Lagers geschickt?

....

....

Zeichne deine Lieblingsszene aus diesem Teil der Torah.

Ich nehme die Passah-Mahlzeit zu mir, weil......	Dieser Teil der Torah bringt mir bei....
....	....
....	....

Schelach Lecha

4. Mose 13:1-15:41 lies diesen Abschnitt der Torah und schreibe eine Zusammenfassung dazu!

....

....

....

1. Wie viele Männer haben Kanaan ausspioniert?

....

....

2. Wen haben die Spione im Negev gesehen?

....

....

3. Wie lange blieben die Spione in Kanaan?

....

....

Zeichne deine Lieblingsszene aus diesem Teil der Torah.

Nenne die Personen in deiner Familie, die Tzitzits tragen.

Dieser Teil der Torah bringt mir bei....

Korach

4. Mose 16:1-18:32 lies diesen Abschnitt der Torah und schreibe eine Zusammenfassung dazu!

....

....

....

1. Wessen Autorität haben Korah und die Männer angefochten?

....

....

2. Was ist mit den Männern von Korach und ihren Heimen passiert?

....

....

3. Was hat 14.700 Menschen im Lager getötet?

....

....

Zeichne deine Lieblingsszene aus diesem Teil der Torah.

Jah bestrafte Korah und seine Männer, weil.....	Dieser Teil der Torah bringt mir bei....
....	....
....	....

Chukkat

4. Mose 19:1-22:1 lies diesen Abschnitt der Torah und schreibe eine Zusammenfassung dazu!

....

....

....

1. Wo ist Miriam gestorben?

....

....

2. Was ist passiert, als Mose zweimal auf den Felsen schlug?

....

....

3. Warum hat Jah feurige Schlangen unter die Israeliten geschickt?

....

....

Zeichne deine Lieblingsszene aus diesem Teil der Torah.

Jah hat Moses benutzt, um.....	Dieser Teil der Torah bringt mir bei....

Balak

4. Mose 22:2-25:9 lies diesen Abschnitt der Torah und schreibe eine Zusammenfassung dazu!

....

....

....

1. Warum hat Balak Bileam gebeten, nach Moab zu kommen?

....

....

2. Welches Tier hat mit Bileam gesprochen?

....

....

3. Wie oft hat Bileam die Israeliten gesegnet?

....

....

Zeichne deine Lieblingsszene aus diesem Teil der Torah.

Jah hat Bileam benutzt, um.....

Dieser Teil der Torah bringt mir bei....

Pinchas

4. Mose 25:10-30:1 lies diesen Abschnitt der Torah und schreibe eine Zusammenfassung dazu!

....

....

....

1. Welche Verheißung hat Jah Pinchas zugesagt?

....

....

2. Warum hat Jah Mose nicht in das Gelobte Land gelassen?

....

....

3. Wen hat Jah nach Mose als Führer des Volkes bestimmt?

....

....

Zeichne deine Lieblingsszene aus diesem Teil der Torah.

An welchen Festen bringen wir Opfer vor Jah dar?	Dieser Teil der Torah bringt mir bei....
....	....
....	....

Matot

4. Mose 30:2-32:42 lies diesen Abschnitt der Torah und schreibe eine Zusammenfassung dazu!

....

....

....

1. Wer waren die fünf Könige von Midian?

....

....

2. Wer führte den Kampf gegen die Midianiter an?

....

....

3. Wie viele Esel wurden den Midianitern genommen?

....

....

Zeichne deine Lieblingsszene aus diesem Teil der Torah.

Jah benutzte Pinchas, um....

....

....

Dieser Teil der Torah bringt mir bei....

....

....

Masse

4. Mose 33:1-36:13 lies diesen Abschnitt der Torah und schreibe eine Zusammenfassung dazu!

....

....

....

1. Wer hat die Israeliten aus Ägypten herausgeführt?

....

....

2. Was haben die Israeliten in Elim gefunden?

....

....

3. Was ist die Strafe für Mord?

....

....

Zeichne deine Lieblingsszene aus diesem Teil der Torah.

Jah gründete Zufluchtsstädte, weil......	Dieser Teil der Torah bringt mir bei....
....	....
....	....

Dewarim

5. Mose 1:1-3:22 lies diesen Abschnitt der Torah und schreibe eine Zusammenfassung dazu!

....

....

....

1. Warum hatten die Israeliten Angst, das Gelobte Land zu betreten?

....

....

2. Wie viele Jahre lebten die Israeliten in der Wildnis?

....

....

3. Wie groß war das Bett von König Og?

....

....

Zeichne deine Lieblingsszene aus diesem Teil der Torah.

Ein Israelit ist jemand, der.....	Dieser Teil der Torah bringt mir bei....
....	....
....	....

Waetchanan

5. Mose 3:23-7:11 lies diesen Abschnitt der Torah und schreibe eine Zusammenfassung dazu!

....

....

....

1. Worauf hat Jah die Zehn Gebote geschrieben?

....

....

2. Warum hat Jah die Israeliten Seine Stimme vom Himmel aus hören lassen?

....

....

3. Welche sieben Nationen haben die Israeliten besiegt?

....

....

Zeichne deine Lieblingsszene aus diesem Teil der Torah.

Jah benutzte Mose, um den ...... zu lehren.	Dieser Teil der Torah bringt mir bei....

Ekew

5. Mose 7:12-11:25 lies diesen Abschnitt der Torah und schreibe eine Zusammenfassung dazu!

....

....

....

1. Was hat Jah den Israeliten in der Wüste zu Essen gegeben?

....

....

2. Was hat Mose mit dem goldenen Kalb gemacht?

....

....

3. Was wird passieren, wenn die Israeliten andere Götter anbeten?

....

....

Zeichne deine Lieblingsszene aus diesem Teil der Torah.

Die Israeliten lebten vierzig Jahre lang in der Wildnis, also....

....

....

Dieser Teil der Torah bringt mir bei....

....

....

Re'eh

5. Mose 11:26-16:17 lies diesen Abschnitt der Torah und schreibe eine Zusammenfassung dazu!

....

....

....

1. Was hat Jah den Israeliten vorgelegt?
....
....

2. Was soll man nicht in der Muttermilch kochen?
....
....

3. Wie lange dauert das Fest Sukkot?
....
....

Zeichne deine Lieblingsszene aus diesem Teil der Torah.

Ich feiere Sukkot, indem....	Dieser Teil der Torah bringt mir bei....
....	....
....	....

Schoftim

5. Mose 16:18-21:9 lies diesen Abschnitt der Torah und schreibe eine Zusammenfassung dazu!

....

....

....

1. Was sollten Richter nicht akzeptieren?

....

....

2. Welche vier Dinge sollte ein König nicht erwerben?

....

....

3. Was ist ein Abscheu für Jah?

....

....

Zeichne deine Lieblingsszene aus diesem Teil der Torah.

Ich sollte das Okkulte vermeiden, weil……	Dieser Teil der Torah bringt mir bei….

Ki Teze

5. Mose 21:10-25:19 lies diesen Abschnitt der Torah und schreibe eine Zusammenfassung dazu!

....

....

....

1. Was wird mit einem rebellischen Sohn passieren?

....

....

2. Wie lange kann ein frisch verheirateter Mann mit seiner Frau zu Hause bleiben?

....

....

3. An welchem Tag sollte ein angestellter Arbeiter bezahlt werden?

....

....

Zeichne deine Lieblingsszene aus diesem Teil der Torah.

Ich behandle Menschen mit Respekt, indem ich.....	Dieser Teil der Torah bringt mir bei....
....	....
....	....

Ki Tawo

5. Mose 26:1-29:8 lies diesen Abschnitt der Torah und schreibe eine Zusammenfassung dazu!

....

....

....

1. Welches Jahr ist das Jahr des Zehnten?

....

....

2. Was passiert, wenn die Israeliten den Geboten Jahs gehorchen?

....

....

3. Wo hat Jah die Vereinbarung mit den Israeliten geschlossen?

....

....

Zeichne deine Lieblingsszene aus diesem Teil der Torah.

Jah hat Mose benutzt, um.....	Dieser Teil der Torah bringt mir bei....
....	....

Nizawim

5. Mose 29:9-30:20 lies diesen Abschnitt der Torah und schreibe eine Zusammenfassung dazu!

....

....

....

1. Mit wem hat Jah einen Bund geschlossen?

....

....

2. Welche Städte hat Jah gestürzt?

....

....

3. Was wird passieren, wenn wir anderen Göttern dienen?

....

....

Zeichne deine Lieblingsszene aus diesem Teil der Torah.

Wenn wir seinen Anweisungen gehorchen, verspricht Jah uns,.....	Dieser Teil der Torah bringt mir bei....
....	....
....	....

Wajelech

5. Mose 31:1-30 lies diesen Abschnitt der Torah und schreibe eine Zusammenfassung dazu!

....

....

....

1. Wie alt war Mose, als er mit den Israeliten gesprochen hat?

....

2. Was soll den Israeliten in Sukkot vorgelesen werden?

....

3. Was hat Mose den Leviten gesagt, was sie in der Bundeslade lassen sollen?

....

Zeichne deine Lieblingsszene aus diesem Teil der Torah.

Jah hat die Leviten benutzt, um.....

....

Dieser Teil der Torah bringt mir bei....

....

Ha'asinu

5. Mose 32:1-52 lies diesen Abschnitt der Torah und schreibe eine Zusammenfassung dazu!

....

....

....

1. Wie haben die Israeliten Jah wütend gemacht?

....

....

2. Auf welchem Berg ist Aaron gestorben?

....

....

3. Welche Stadt wird in Vers 49 erwähnt?

....

....

Zeichne deine Lieblingsszene aus diesem Teil der Torah.

Ich kann Jah erfreuen, indem ich.....

Dieser Teil der Torah bringt mir bei....

Wesot Habracha

5. Mose 33:1-34:12 lies diesen Abschnitt der Torah und schreibe eine Zusammenfassung dazu!

....

....

....

1. Wo erschien ihnen Jah?

....

....

2. Wer liegt da wie ein Löwe?

....

....

3. Wie alt war Mose, als er starb?

....

....

Zeichne deine Lieblingsszene aus diesem Teil der Torah.

Der Torah von Jah zu gehorchen ist wichtig, denn.....	Dieser Teil der Torah bringt mir bei....
....	....

Bereschit Wöchentlicher Torah Studienführer

Mit Lesungen von den Propheten und Aposteln

Parascha	Torah-Lesung	Lesung der Propheten	Lesung der Apostel
Bereschit	1. Mose 1:1-6:8	Jesaja 42:5-43:10	Johannes 1:1-18
			Römer 5:12-21
			Matthäus 19:4-6
Noah	1. Mose 6:9-11:32	Jesaja 54:1-55:5	Matthäus 24:36-44
			1 Petrus 3:18-22
Lech-Lecha	1. Mose 12:1-17:27	Jesaja 40:27-41:16	Hebräer 7:1-22
			Römer 4:1-25
			Apostelgeschichte 7:1-8
Wajera	1. Mose 18:1-22:24	2 Könige 4:1-37	Galater 4:21-31
			Jakobus 2:14-24
			Hebräer 11:13-19
Chaje Sara	1. Mose 23:1-25:18	1 Könige 1:1-31	1 Petrus 3:1-7
			1 Korinther 15:50-57
			Hebräer 11:11-16
Toledot	1. Mose 25:19-28:9	Maleachi 1:1-2:7	Römer 9:6-16
			Hebräer 11:20 & 12:14-17
Wajeze	1. Mose 28:10-32:3	Hosea 12:12-14:9	Markus 1:16-20
			Johannes 1:43-51
			Hebrews 8:6-8
Wajischlach	1. Mose 32:3-36:43	Hosea 11:7-12:12	Matthäus 26:36-46
			Offenbarung 7:1-14
			1 Korinther 5:1-13
Wajeschew	1. Mose 37:1-40:23	Amos 2:6-3:8	Apostelgeschichte 7:9-16
Mikez	1. Mose 41:1-44:17	1 Könige 3:15-4:1	Matthäus 7:2
			Apostelgeschichte 7:9-16
Wajigasch	1. Mose 44:18-47:27	Hesekiel 37:15-28	Römer 9:1-19
			Römer 11:13-24
			Epheser 2:11-22
			Matthäus 10:1-7, 34
Wajechi	1. Mose 47:28-50:26	1 Könige 2:1-12	1 Petrus 2:4-10
			Lukas 1:23-33
			Hebräer 11:21-22

Schemot Wöchentlicher Torah Studienführer

Mit Lesungen von den Propheten und Aposteln

Parascha	Torah-Lesung	Lesung der Propheten	Lesung der Apostel
Schemot	2. Mose 1:1-6:1	Jesaja 27:6–28:13; 29:22-23	Hebräer 11:23-27
			Apostelgeschichte 7:17-35
			Lukas 20:37
Wa'era	2. Mose 6:2-9:35	Hesekiel 28:25–29:21	Römer 9:14–17
			Apostelgeschichte 7:7,17–35
			1 Korinther 3:11–15
Bo	2. Mose 10:1-13:16	Jeremia 46:13-28	Johannes 19:1-37
			Apostelgeschichte 13:16-17
			2 Korinther 6:14-7:1
Beschalach	2. Mose 13:17-17:16	Richter 4:4-5:31	1 Korinther 10:1-13
			Offenbarung 15:1-4
			Römer 9:15-23
Jitro	2. Mose 18:1-20:26	Jesaja 6:1-7:6, 9:6-7	Matthäus 19:16-30
			1 Timotheus 3:1-3
			Jakobus 2:8-13
Mischpatim	2. Mose 21:1-24:18	Jeremia 34:8-22, 33:25-26	Jakobus 3:2-12
			Matthäus 5:38-42
			Hebräer 12:25-29
Teruma	2. Mose 25:1-27:19	1 Könige 5:26-5:13	Hebräer 13:10-12
			Matthäus 5:14-16
			Hebräer 10:19-22
Tezawe	2. Mose 27:20-30:10	Hesekiel 43:10-27	Hebräer 5:1-10
			Hebräer 13:10-17
			Römer 12:1
Ki Tissa	2. Mose 30:11-34:35	1 Könige 18:1-39	1 Korinther 12:1-31
			Apostelgeschichte 7:39-42
			Hebräer 3:1-6
Wajakhel	2. Mose 35:1-38:20	1 Könige 7:13-26, 40-50	Hebräer 9:1-28
			2 Korinther 9:1-15
			Hebräer 10:26-31
Pekude	2. Mose 38:21-40:38	1 Könige 7:51-8:21	1 Korinther 3:1-17
			Hebräer 5:1-11
			Hebräer 7:1-8:6

Wajikra Wöchentlicher Torah Studienführer

Mit Lesungen von den Propheten und Aposteln

Parascha	Torah-Lesung	Lesung der Propheten	Lesung der Apostel
Wajikra	3. Mose 1:1-5:26	Jesaja 43:21-44:23	Römer 8:1-13
			Hebräer 9:11-28
			Hebräer 10:1-22
Zaw	3. Mose 6:1-8:36	Jeremia 7:21-8:3	Epheser 6:10-18
		Jeremia 9:22(23)-23(24)	2 Korinther 6:14-7:1
			Hebräer 10:1-39
Schemini	3. Mose 9:1-11:47	2 Samuel 6:1-7:17	Apostelgeschichte 5:1-11
			1 Timotheus 3:1-13
			1 Petrus 1:14-16
Tasria	3. Mose 12:1-13:59	2 Könige 4:42-5:19	Lukas 2:22-24
			Markus 1:40-45
			Jakobus 3:1-12
Mezora	3. Mose 14:1-15:33	2 Könige 7:3-20	Matthäus 9:20-26
			Römer 6:19-23
			1 Petrus 1:15-16
Achare Mot	3. Mose 16:1-18:30	Hesekiel 22:1-19	Hebräer 7:11-10:22
			Matthäus 27:5
			Epheser 1:5-7
Kedoschim	3. Mose 19:1-20:27	Amos 9:7-15	Epheser 6:1-3
		Hesekiel 20:2-20	Epheser 4:24-32
			Matthäus 5:43-48
Emor	3. Mose 21:1-24:23	Hesekiel 44:15-31	1 Petrus 1:13-17
			Matthäus 5:38-42
			Jakobus 2:1-9
Behar	3. Mose 25:1-26:2	Jeremia 32:6-27	1 Korinther 7:21-24
			Galater 6:7-10
			Lukas 4:16-21
Bechukotai	3. Mose 26:3-27:34	Jeremia 16:19-17:14	Matthäus 7:21-27
			Kolosser 3:1-10
			Johannes 14:15-2

Bemidbar Wöchentlicher Torah Studienführer

Mit Lesungen von den Propheten und Aposteln

Parascha	Torah-Lesung	Lesung der Propheten	Lesung der Apostel
Bemidbar	4. Mose 1:1-4:20	Hosea 1:10(2:1)-20(22)	Offenbarung 7:1-8
			Offenbarung 4:1-11
			Titus 1:5-9
Nasso	4. Mose 4:21-7:89	Richter 13:2-25	Markus 1:40-45
			Apostelgeschichte 21:17-26
			Johannes 8:1-11
Beha'alotcha	4. Mose 8:1-12:16	Sacharja 2:10 (14)-4:7	Hebräer 4:14-5:10
			Hebräer 7:1-28
			1 Korinther 10:10
Schelach Lecha	4. Mose 13:1-15:41	Josua 2:1-24	Hebräer 3:7-19
			Epheser 2:11-19
			Galater 3:28-29
Korach	4. Mose 16:1-18:32	1 Samuel 11:14-12:22	Judas 1-25
			Johannes 15:1-7
			1 Timotheus 5:17-18
Chukkat	4. Mose 19:1-22:1	Richter 11:1-33	Johannes 3:9-21
			Hebräer 9:11-22
			1 Korinther 15:55-57
Balak	4. Mose 22:2-25:9	Micha 5:6-6:8	2 Petrus 2:1-22
			Judas 11
			Offenbarung 2:14-15
Pinchas	4. Mose 25:10-30:1	1 Könige 18:46-19:21	1 Timotheus 3:2-7
			2 Petrus 2:14-22
			Römer 12:1
Matot	4. Mose 30:2-32:42	Jeremia 1:1-2:3	Matthäus 5:33-37
			Epheser 5:21-33
Masse	4. Mose 33:1-36:13	Jeremia 2:4-28 & 3:4	Epheser 6:10-18
			Jakobus 4:1-12
			2 Korinther 10:3-6

Dewarim Wöchentlicher Torah Studienführer

Mit Lesungen von den Propheten und Aposteln

Parascha	Torah-Lesung	Lesung der Propheten	Lesung der Apostel
Dewarim	5. Mose 1:1-3:22	Jesaja 1:1-27	Jakobus 2:1-9
			Apostelgeschichte 7:38-45
			Hebräer 3:7-4:11
Waetchanan	5. Mose 3:23-7:11	Jesaja 40:1-26	Römer 1:18-25
			Markus 12:28-34
			1 Korinther 6:19-20
Ekew	5. Mose 7:12-11:25	Jesaja 49:14-51:3	Hebräer 12:5-11
			Römer 8:31-39
			1 Johannes 2:3-5
Re'eh	5. Mose 11:26-16:17	Jesaja 44:11-45:5	1 Korinther 5:9-13
			2 Petrus 2:1-22
			Hebräer 4:1-10
Schoftim	5. Mose 16:18-21:9	Jesaja 51:12-53:12	Hebräer 10:28-31
			1 Timotheus 5:17-22
			Apostelgeschichte 7:35-53
Ki Teze	5. Mose 21:10-25:19	Jesaja 54:1-10	Lukas 10:29-37
			1 Korinther 11:2-15
			Markus 10:2-12
Ki Tawo	5. Mose 26:1-29:8	Jesaja 60:1-22	Römer 2:6-11
			Lukas 21:1-4
			1 Johannes 2:3-6
Nizawim	5. Mose 29:9-30:20	Jesaja 61:10-63:9	Römer 10:6-8
			Johannes 10:1-5
			Hebräer 8:7-12
Wajelech	5. Mose 31:1-30	Jesaja 55:6-56:8	Hebräer 13:5
			Römer 8:31, 37
			Hebräer 8:7-12
Ha'asinu	5. Mose 32:1-52	2 Samuel 22:1-51	Römer 9:24-29
			Offenbarung 3:14-21
			Matthäus 10:5-6
Wesot Habracha	5. Mose 33:1-34:12	Josua 1:1-18	Apostelgeschichte 3:22-23
			Hebräer 3:5
			Apostelgeschichte 7:17-44

Antwortschlüssel

Bereschit
1. Am sechsten Tag
2. Adam
3. 930 Jahre alt

Noah
1. Sieben
2. Ein Regenbogen
3. In den Himmel

Lech-Lecha
1. Weil der Pharao Sarah in sein Haus geholt hat
2. Abram hat gekämpft, um Lot zu retten
3. Ein Sohn mit Namen Isaak

Wajera
1. Sarah
2. Feuer und Schwefel aus dem Himmel
3. Um Isaak als Brandopfer darzubringen

Chaje Sara
1. In der Höhle des Feldes von Machpela
2. Ein Goldring, zwei Armbänder, Gold- und Silberschmuck und Kleidungsstücke.
3. Isaak, Sohn von Abraham

Toledot
1. Jakob und Esau
2. Weil Isaak sehr wohlhabend war - er hatte viele Diener und Tierherden
3. Jakob hatte Angst, dass Esau ihn töten würde

Wajeze
1. Engel von Jah
2. Sieben Jahre + sieben Jahre
3. Im Sattel ihres Kamels

Wajischlach
1. Vierhundert Männer
2. Jah hat Jakob gesagt: "Denn du hast mit Gott und den Menschen gekämpft und gewonnen."
3. Sie hatten zu viel Besitz, um zusammen zu wohnen. Das Land konnte sie wegen ihres großen Viehbestands nicht ertragen

Wajeschew
1. Potifar
2. Mundschenk und Bäckerin
3. Der Pharao

Mikez
1. Regent über Ägypten (1. Mose 42:6)
2. Um Getreide zu kaufen
3. Silberner Becher

Wajigasch
1. Das beste Land in Ägypten
2. Land von Goshen
3. Lebensmittel

Wajechi
1. Manasseh
2. Issachar
3. Siebzig Tage

Schemot
1. Die hebräischen Babyjungen töten und die hebräischen Babymädchen leben lassen
2. Land von Midian
3. Er ließ die Hebräer ihr eigenes Stroh sammeln, um Ziegel herzustellen

Wa'era
1. Abraham, Isaak und Jakob
2. Das Vieh der Ägypter
3. Land von Goshen

Bo
1. Aviv, dem ersten
2. Für immer
3. Tod des Erstgeborenen

Beschalach
1. Josephs Knochen
2. Durch einen starken Ostwind
3. Er sagte Mose, er solle mit seinem Stab auf den Felsen schlagen, und Wasser sprudelte heraus

Jitro
1. Er war Moses Schwiegervater
2. Auf dem Berg Sinai
3. Der Sabbat

Mischpatim
1. Es ruhen lassen und keine Pflanzen anbauen.
2. Ungesäuertes Brot
3. Während dem Fest der ungesäuerten Brote (Mazzah) Während dem Fest der Wochen (Schavuot) und zum Laubhüttenfest (Sukkot)

Teruma
1. Akazienholz
2. Das Zeugnis (Steintafeln mit der Inschrift der Geboten)
3. Gold

Tezawe
1. Aaron, Nadab und Abihu
2. Zwölf Steine
3. Blau

Ki Tissa
1. Ein Kalb
2. Im Feuer geschmolzen und zu Staub zerstreut
3. Er zwang sie, Goldstaub zu trinken

Wajakhel
1. Handwerksmeister
2. Sieben Zweige
3. Bronze

Pekude
1. Neunundzwanzig Talente und 730 Schekel
2. Am Eingang der Stifftshütte
3. Jah war auf der Stiftshütte, bei Tag als Wolkensäule und bei Nacht als Feuersäule

Wajikra
1. Zu einem Priester am Eingang der Stiftshütte
2. Turteltauben oder Tauben
3. Stier

Zaw
1. Der Priester, der es darbringt
2. Am Eingang der Stiftshütte
3. Die Urim und Thummim

Schemini
1. Nadab und Abihu
2. Fremdes Feuer, das Er ihnen nicht befohlen hatte
3. Sie wurden vom Feuer verzehrt

Tasria
1. Der Priester
2. Zerrissene Kleidung
3. Außerhalb des Lagers

Mezora
1. Seine Kleidung gewaschen, sich die Haare geschoren und im Wasser gebadet
2. Im Lager, aber vor seinem Zelt
3. Zwei männliche, makellose Schaflämmer und ein Getreideopfer

Achare Mot
1. Die Gewänder des Hohepriesters (heiliger Leinenmantel, Leinenunterwäsche, leinernen Gürtel und einen Leinen-Turban)
2. Stierblut
3. Die Gesetze der Ägypter und Kanaaniter

Kedoschim
1. Falsche Götter
2. Unsere Körper für die Toten einschneiden oder uns tätowieren
3. Ältere Menschen

Emor
1. Shavuot (Pfingsten)
2. Am ersten Tag des siebten Monats
3. In Laubhütten, Sukkas, Zelten (temporäre Unterkünfte)

Behar
1. Es ist ein Jubeljahr
2. Ein Blutsverwandter (Löser) soll für ihn eintreten und ihn „freikaufen", Du sollst ihn nicht Sklavenarbeit tun lassen. Du sollst ihm Hilfe leisten, als sei er ein Fremdling oder Gast, damit er bei dir leben kann, nimm keinen Zins von ihm und verkaufe auch deine Nahrungsmittel nicht um einen Wucherpreis
3. Die Israeliten

Bechukotai
1. Bis zum Zeitpunkt der Aussaat
2. Unter die Nationen
3. Fünfzig Schekel Silber

Bemidbar
1. Eine Zählung der gesamten Gemeinde Israels
2. Die Aufgabe der Leviten
3. Nadab, Abihu, Eleasar und Itamar

Nasso
1. Alle Tage solang sein Gelübde dauert
2. Ein männliches Lamm, ein Jahr alt ohne Makel, ein Schaflamm ein Jahr alt ohne Makel und ein Korb mit ungesäuertem Brot
3. Am Eingang der Tabernakel

Beha'alotcha
1. Sieben Lampen
2. Fünfundzwanzig Jahre lang
3. Weil sich die Israeliten beschwerten

Schelach Lecha
1. Zwölf Männer- einer aus jedem Stamm Israels
2. Die Nachkommen von Enak (den Nephilim)
3. Vierzig Tage

Korach
1. Die Autorität von Mose und Aaron
2. Die Erde verschlang die Menschen und ihre Heime
3. Eine Seuche

Chukkat
1. In Kadesch
2. Das Wasser strömte aus dem Felsen
3. Weil die Israeliten sich immer wieder beschwerten

Balak
1. Um die Israeliten zu verfluchen
2. Ein Esel
3. Bileam segnete die Israeliten dreimal

Pinchas
1. Einen Friedensbund hat er mit ihm gemacht
2. Weil Moses Jah nicht als heilig in den Gewässern von Meribah hielt
3. Josua

Matot
1. Evi, Rekem, Zur, Hur und Reva
2. Pinchas
3. 61.000 Esel

Masse
1. Mose und Aaron
2. Zwölf Quellen und siebzig Palmen
3. Tod

Dewarim
1. Weil die Städte und das Volk größer waren als die Israeliten und die Söhne Enaks dort lebten
2. Vierzig Jahre
3. Neun Ellen lang und vier Ellen breit

Waetchanan
1. Zwei Steintafeln
2. Damit er die Israeliten disziplinieren kann
3. Die Hetiter, Girgasiter, Amoriter, Kanaaniter, Perisiter, Heviter und Jebusiter

Ekew
1. Manna und Wachtel
2. Es mit Feuer verbrannt, zerkleinert und zermahlen bis es feiner Staub war und den Staub in den Strom geworfen und den Kindern Israels zu trinken gegeben
3. Die Israeliten werden bestraft und ins Exil geschickt

Re'eh
1. Segen und Fluch
2. Eine junge Ziege/ ein Lamm/ ein Böcklein
3. Sieben Tage

Schoftim
1. Bestechungsgelder
2. Viele Pferde, viele Frauen und zu viel Silber und Gold
3. Hexerei und Weissagung (das Okkulte)

Ki Teze
1. Er wird von den Männern der Stadt zu Tode gesteinigt werden
2. Ein Jahr
3. Am selben Tag an dem er gearbeitet hat, vor Sonnenuntergang

Ki Tawo
1. Das dritte Jahr
2. Sie werden gesegnet sein und hoch über den Nationen stehen
3. Auf dem Horeb

Nizawim
1. Mit dem Volk Israel
2. Sodom und Gomorra, Adama und Zeboim
3. Du wirst fallen und nicht lange im Land leben

Wajelech
1. Mose war 120 Jahre alt
2. Die Torah
3. Buch des Gesetzes

Ha'asinu
1. Indem sie andere Götter anbeteten
2. Auf dem Berg Nebo
3. Jericho

Wesot Habracha
1. Auf dem Berg Paran
2. Gad
3. Mose war 120 Jahre alt

◇ Weitere Übungsbücher entdecken! ◇

Zu erwerben unter www.biblepathwayadventures.com

SOFORT DOWNLOADS!

Wöchentliches Torah Übungsbuch
Rein und Unrein
Hebräisch lernen: Das Alphabet
Bereschit / 1. Mose
Schemot / 2. Mose
Wajikra / 3. Mose
Bemidbar / 4. Mose
Dewarim / 5. Mose

www.ingramcontent.com/pod-product-compliance
Lightning Source LLC
LaVergne TN
LVHW060336080526
838202LV00053B/4486